# BEI GRIN MACHT SICH IHR WISSEN BEZAHLT

AF148331

- Wir veröffentlichen Ihre Hausarbeit, Bachelor- und Masterarbeit

- Ihr eigenes eBook und Buch - weltweit in allen wichtigen Shops

- Verdienen Sie an jedem Verkauf

## Jetzt bei www.GRIN.com hochladen und kostenlos publizieren

Günther Ziesche

# Konfliktkommunikation für Zoll- und Polizeibeamte

## Interkulturelle Kompetenz und Konfliktkommunikation

GRIN Verlag

**Bibliografische Information der Deutschen Nationalbibliothek:**

Die Deutsche Bibliothek verzeichnet diese Publikation in der Deutschen National-
bibliografie; detaillierte bibliografische Daten sind im Internet über http://dnb.d-
nb.de/ abrufbar.

**Impressum:**

Copyright © 2010 GRIN Verlag GmbH
Druck und Bindung: Books on Demand GmbH, Norderstedt Germany
ISBN: 978-3-656-35057-6

**Dieses Buch bei GRIN:**

http://www.grin.com/de/e-book/207001/konfliktkommunikation-fuer-zoll-und-
polizeibeamte

**GRIN - Your knowledge has value**

Der GRIN Verlag publiziert seit 1998 wissenschaftliche Arbeiten von Studenten, Hochschullehrern und anderen Akademikern als eBook und gedrucktes Buch. Die Verlagswebsite www.grin.com ist die ideale Plattform zur Veröffentlichung von Hausarbeiten, Abschlussarbeiten, wissenschaftlichen Aufsätzen, Dissertationen und Fachbüchern.

**Besuchen Sie uns im Internet:**

http://www.grin.com/

http://www.facebook.com/grincom

http://www.twitter.com/grin_com

# Konfliktkommunikation für Zoll- und Polizeibeamte

## Interkulturelle Kompetenz und Konfliktkommunikation

Inhaltsverzeichnis

## 1. Beschreiben der Situation als Kritisches Ereignis „Critical Incident"

### 1.1 Ereignis und beteiligte Personen

Marion C., 21 Jahre alt, ist Zollbeamtin und an einem internationalen Flughafen in Süddeutschland eingesetzt. Sie ist zuständig für Gepäckkontrollen im Reiseverkehr. Die Reisenden kommen aus allen Kontinenten und aus jeder gesellschaftlichen Schichtung. Besonders häufig wird der Flughafen von Fluglinien aus der Türkei und arabischen Ländern angeflogen. Marion C. will einen Reisenden, der soeben mit einem Flieger aus Ankara angekommen ist, einer Gepäckkontrolle unterziehen. Hierzu hält sie ihn an und leitet die Maßnahme mit den Worten ein: „Grüß Gott, deutsche Zollkontrolle! Bitte melden Sie alle mitgebrachten Waren an!" Der so angesprochene Mohammed H. reagiert auf die Kontrollmaßnahme brüsk. Er sieht Marion C. an und erwidert laut: „Ich möchte nicht von einer Frau kontrolliert werden! Außerdem möchte ich, dass Sie mich mit ´Guten Tag´ begrüßen".

### 1.2 Vorgeschichte und Einflüsse auf das „kritische Ereignis"

Der Reisende Mohammed H. ist 35 Jahre alt und ledig. Er ist in der Türkei geboren, lebt aber seit seinem 10 Lebensjahr in Deutschland. Er hat keine feste Arbeit, hilft von Zeit zu Zeit im Handyladen seines Onkels aus. Er ist weder in seinem Geburtsland noch in Deutschland fest verwurzelt. Mohammed H. ist Moslem und lebt seinen Glauben nach strengen religiösen Gesetzen.

Mohammed H. reist viel mit dem Flugzeug. Die Familie ist ihm sehr wichtig. Er unternimmt deshalb häufige Besuche in Tschechien, Österreich und im Elsass. Mohammed H. hat das subjektive Gefühl öfter und intensiver kontrolliert zu werden als Mitreisende, die vom äußeren Erscheinungsbild her dem westlichen Kulturkreis zuzurechnen sind.

Marion C. stammt aus einem Dorf in der Oberpfalz mit überwiegend katholischer Prägung. Ihre Ausbildung in der Bundeszollverwaltung hat Sie erst vor drei Monaten beendet. Ihr Selbstwertgefühl definiert sie überwiegend über ihren Beruf. Obwohl Sie noch über wenig Erfahrung im Umgang mit internationalem Publikum besitzt, hat sie bereits mehrere größere Aufgriffe vorzuweisen: Zwei Fälle von Goldschmuggel sowie einen nicht unerheblichen Drogenfund. Bei allen eingeleiteten Strafverfahren waren die Beschuldigten Muslime.

## 2 Werte

### 2.1 Rolle von Wertevorstellungen

Jede Gesellschaft verfügt über einen bestimmten Wertekanon. Werte beeinflussen nichts anderes als den materiellen Reichtum, die Regierungsform oder die Stellung der Frau in der Gesellschaft.

Werte gründen auf einer Weltanschauung und sind damit stark von Religion(en) beeinflusst.

Die Gesellschaft in Mitteleuropa ist über Jahrhunderte geformt von altem jüdischen Recht. Das 5. Buch Mose (Deuteronomium) sowie das Buch der Könige sind Gesetzbücher. Ihre Regeln finden im deutschen Strafrecht wieder. Beispiele sind die Definition der Täterschaft nach dem Strafgesetzbuch oder Durchsuchungsgrundsätze für eine Haussuchung bei Nacht nach der Strafprozessordnung.

Die Einstellung des Mohammed H. hat ihren Hintergrund in den Gesetzen des Islam. Diese unterscheidet sich grundlegend von denen der jüdischen oder christlichen Wertewelt. Der Islam ist eine Religion die stark vom kaufmännischen Denken geprägt und damit eine sehr pragmatische Religion ist. Der Stamm legt die Normen fest, ihm gilt die absolute Solidarität. Dieses Prinzip wird ausgedehnt durch Mohammed (hier ist der Religionsstifter gemeint) durch das „Wir" und die „Gruppe". Die Gruppe definiert sich über den Zusammenhalt nach außen hin. Fazit: Beide, Marion C. und Mohammed H. können nur aus ihren kulturellen Prägung und damit aus ihren Wertevorstellungen heraus handeln.

## 2.2 Sichtbarwerden kultureller Skripte

### 2.2.1 Geringe Machtinstanz vs. Große Machtinstanz

Der niederländische Kulturforscher Geert Hofstede hat als Ergebnis einer Befragung mittels einer Faktorenanalyse vier Gruppen von Kulturdimensionen verfasst. Er stellt hierbei u.a. Kulturen mit geringer Machtinstanz denen mit großer Machtinstanz gegenüber (vgl. Nelles, 2009, S.25). Marion C. weiß um den Wert des Grundgesetzes und damit um die Gleichheit der Menschen vor dem Gesetz. Obwohl sie sich in einer stark hierarchisch ausgerichteten Institution bewegt sollte nach ihrem staatsbürgerlichen  Verständnis die Ungleichheit zwischen den Menschen so gering wie möglich sein (vgl. Nelles, 2009. S. 26).

Mohammed H. lebt aus einem Umfeld, in dem die Ungleichheit zwischen Menschen erwartet und auch erwünscht ist. Diese innere Einstellung offenbart sich auch durch das Tragen von Macht- und Statussymbolen der Grenzorgane in der muslimischen Welt. Dem hingegen trägt Marion C. eine schlichte lindgrüne Dienstkleidung (Bluse). Als einzige Orientierung für den Reisenden befindet sich ein dezentes Wappen (Bundesadler) auf ihrer linken Schulter.

### 2.2.2  Unsicherheitsvermeidung gering vs. starker Unsicherheitsvermeidung

Als Unsicherheitsvermeidung bezeichnet Hofstede das Ausmaß, in dem sich Mitglieder einer Kultur von unsicheren oder unbekannten Situation bedroht fühlen. Demnach versuchen Kulturen mit hoher Unsicherheitsvermeidung in allen Bereichen des Lebens unsicheren Situationen aus dem Weg zu gehen bzw. diese zu bekämpfen (vgl. Nelles, 2009. S. 29). Marion C. lebt in einer Kultur der starken Unsicherheitsvermeidung. Diese ist gekennzeichnet durch eine Vielzahl von Regeln und Gesetzen. Sie geben Marion C. bei der Erfüllung ihrer hoheitlichen Aufgaben, der Erhebung von Zöllen und dem Produzieren von Sicherheit, Orientierung und Halt. Sie fühlt sich wohl in einer „Low-Context- Culture" (vgl. Nelles, 2009, S. 23). Sie schätzt das Kommunizieren auf der Sachebene. Als Mitglied dieser Kultur differenziert sie stark zwischen Arbeits- und Privatsphäre und ist daher im vorliegenden

Fall nur an ihrer hoheitlichen Aufgabe interessiert. Jede Aufgabe, die sie erfüllt, jede Entscheidung, die sie trifft und jede Maßnahme, die sie umsetzt, d.h. jedes Verwaltungshandeln ist in Gesetzen, Verordnungen und Dienstvorschriften im Detail geregelt. In dieser Kultur wird nichts dem „kulturellen Kontext" überlassen. Aggressionen und Emotionen können bei ihr nur im Privatleben und nur bei geeigneter Gelegenheit gezeigt werden (vgl. Nelles, 2009, S. 29). Mohammed H. kennt nur oberflächlich die Kultur von Marion C. Seine Werte sind die des Islam und damit die Prägung einer Kultur mit niedriger Unsicherheitsvermeidung. Er lebt wird von einem Tag zum nächsten. Als Muslim glaubt er daran, dass sein Gott sein Leben in allen Dingen vorbestimmt hat. Regeln umgeht er häufig. Er lebt in einer so genannten „High-Context-Culture". Ihre Mitglieder neigen eher zu ausgedehnten Informationsnetzen und engen persönlichen Bindungen. Gesetze sind für Mohammed H. verhandelbar. Aggressionen und Emotionen zeigt er offen (vgl. Nelles, 2009, S. 29), besonders dann, wenn er sein Selbstwertgefühl gemindert sieht.

### 2.2.3  Universalismus vs. Partikularismus

Auf der Grundlage von Hofstede entwickelten Trompenaars und Hampden-Turner die Dimensionen zwischen Universalismus und Partikularismus (vgl. Nelles, 2009 S. 29). In universalistischen Kulturen gehen die Wahrheit und das Prinzip vor die der einzelnen Person. Regeln haben damit einen höheren Stellenwert als Beziehungen. Allgemeingültige Regeln gelten auch für Einzelfälle und sind somit anzuwenden (Motto: Dienst ist Dienst und Schnaps ist Schnaps). Marion C. fühlt sich der Einhaltung von Gesetzen und Dienstvorschriften verpflichtet. Das Ansehen des Staates dem sie dient ist für sie identisch mit der gleichmäßigen Anwendung und Durchsetzung von Normen. Sie weiß auch damit um das Vertrauen, dass ihr von den betroffenen Reisenden entgegengebracht wird. Zoll und Polizei in Deutschland haben – per se – weltweit den Ruf korruptionsresistenter Organe. Andererseits gelten in der arabischen Welt diese in der Durchsetzung ihrer Maßnahmen als zu weich. Gegen gesetzte Vollzugsmaßnahmen kann, so eine häufige Annahme, im Konfliktfall relativ gefahrlos Widerstand geleistet werden.

Für Mohammed H. sind Beziehungen wichtiger als Regeln. Er schätzt und pflegt den Familienverbund und scheut daher keine Kosten für Flugreisen zu Verwandten. Er denkt und urteilt in einer partikularistischen Kultur, die sich als vornehmlich einzelfallbezogen ausweist. Beziehungen zu anderen Personen sind Mohammed H. sehr wichtig und er stellt sie daher über allgemeine Prinzipien (Motto: Es kommt immer darauf an!). Typisch für Partikularisten: Regeln sind nichts Starres, sie können auch weiterentwickelt werden. Vertrauen genießt bei ihm nur, wer Veränderungen hinnimmt (vgl. Nelles, 2009, S. 29).

### 3 Rollen und Perspektivenwechsel – Fremdkultur und Argumentation

Durch das Einnehmen der Rolle des kulturellen Gegenübers, also dem sich Hineinversetzen in eine Fremdkultur, ändert sich die eigene Position für kurze Zeit. Dies erfordert die Bereitschaft

Kraft und Phantasie aufzubringen. Die Annahmen müssen nicht zutreffen. Beispiel: Ich, Mohammed H. bin Muslim und damit ein Königskind. Ich danke Allah dafür, dass ich als Mann geboren bin. Muslime werden in der christlichen Welt benachteiligt. Warum werde immer nur ich kontrolliert? Muss ich mir von einer Frau Befehle erteilen lassen? Sie muss sich bei mir entschuldigen, ich lasse es darauf ankommen! Ich muss mich wehren! Vielleicht ist noch eine Einigung möglich?

## 4 Interventionsmöglichkeiten – Lösungsoptionen

### 4.1 Problem – Was ist verkehrt/falsch?

Die jeweilige Gefühls- und Gedankenwelt des anderen kann in ihrer Komplexität überhaupt nicht oder nur fragmentarisch nachvollzogen werden. Das Beispiel macht kenntlich wie sehr kulturelle Unterschiede maßgeblich die Kommunikation sowohl hinsichtlich der Ablaufprozesse als auch der Resultate beeinflussen. Die Folge kann eine einsetzende Spirale von Gegenreaktion und Machtbeweis sein. Für Mohammed H. gilt, er gehört einer Minderheit (dem Islam) an, die jedoch am Ende siegreich ist, weil sie den richtigen Glauben hat. Er befindet sich in Deutschland und damit auf der „Erde des Vertrags" (Hinweis des Verfassers: die „Erde des Vertrags" wechselt zur „Erde des Friedens", wenn Muslime in der Mehrheit sind). So kann er zwar Verträge mit Christen eingehen, aber nur zum eigenen Vorteil. Das Entrichten von Zöllen ist für ihn ein nicht hinzunehmender Nachteil. Er muss sich also wehren um zumindest eine für ihn günstigere Einigung herbeizuführen.

### 4.1.1 Symptome

Nachfolgende Merkmale lassen Rückschlüsse auf bestimmte innere Haltungen zu. Marion C. könnte mit folgender Erwartungshaltung den Reisenden gegenübergetreten sein „Bei diesem Typ gibt es immer Ärger!" Ihre Stimmlage ist leicht erhöht. Sie sieht Mohammed H. in die Augen und zeigt mit ihrem Zeigefinger auf die Gepäckstücke. Ihr Nacken versteift und sie hebt die Schultern. Alle Kraft potenziert sich auf ihr Gegenüber. Mohammed H. sieht sie ebenfalls direkt an, obwohl es in seinem Kulturkreis üblich ist den Blick von Personen mit staatlicher Autorität abzuwenden. Er reagiert unbewusst auf nonverbale und paraverbale Signale von Marion C., die in Kombination kulturübergreifend als bedrohlich wahrgenommen werden: gerades Ansehen, Zeigefinger und leicht erhöhte Stimmlage.

### 4.1.2  Tatsachen, die einer erwünschten Situation gegenüberstehen

Marion C. und Mohammed H. befinden sich beide in einer so genannten Abfertigungssituation. Beide stehen sich quasi auf vertikaler Ebene gegenüber, d.h. in einem Verhältnis der Über- und Unterordnung. Die Machtinstanz (Marion C.) führt durch die Kontrolle, während der beteiligte Bürger (Mohammed H.) den gesetzten Maßnahmen nachkommen muss. Es versteht sich, dass der Bürger die Situation als bedrohlich empfindet und damit verunsichert auftritt bzw. sich der Vollzugsperson ausgeliefert fühlt. Marion C. ist verpflichtet die Kommunikation mit dem Tagesgruß einzuleiten und anschließend nach einer per Dienstvorschrift festgelegten Aufforderung „Bitte melden sie alle mitgebrachten Waren an!" unmittelbar die Kontrolle vorzunehmen. Der Kommunikationskanal zwischen den beteiligten Personen lässt sich somit weder verkürzen noch erweitern. Bei Marion C. korrelieren somit ihre Funktion als Machtinstanz (vertikale Ebene) und das gleichzeitige Erfordernis als soziale Kompetenz (horizontale Ebene) zu wirken.

Ihre Rolle wird noch durch ihre Dienstkleidung nach außen hin kenntlich. Ihr Dienstherr, die deutsche Zollverwaltung, will bewusst eine Distanz ihrer Bediensteten zum Bürger. Hinzukommen noch situative Momente wie die Kühle und Strenge des Kontrollraums, hervorgerufen durch Neonlicht, weiße Kunststoffwände und Aluminiumtische. Der Bürger begibt sich quasi in ein fremdes Revier, das seine Unsicherheit noch verstärkt.

## 4.2 Analyse

### 4.2.1 Diagnose des Problems und seine Ursachen

Obwohl sich beide Personen in einem Verhältnis der Über- und Unterordnung gegenüberstehen sind bestimmte, an den anderen geknüpfte Erwartungen mit den eigenen identisch. Beide wollen eine Abfertigungshandlung, die so zügig wie möglich abläuft. Beide wollen das eigene Selbstwertgefühl gewahrt und nicht gemindert sehen.

Dem gegenüber stehen, aus der jeweiligen Rolle herrührend, jeweils eigene, spezifische Erwartungen. Mohammed H. möchte überhaupt nicht kontrolliert werden. Marion C. führt die Kontrolle in der Erwartung durch einen erneuten Schmuggelaufgriff für sich verbuchen zu können. Sie hat bereits erfolgreiche Aufgriffe zu verzeichnen, die im Zusammenhang mit Muslimen stehen. Die Neigung ist groß bei der Auswahl der zu kontrollierenden Personen diejenigen herauszufiltern, die einem bestimmten Raster entsprechen. Weiterhin können Vorurteile, d.h. Erfahrungen anderer Zollbediensteter, von Marion C. unreflektiert übernommen werden und eine selbstprophezeihende Erfüllung auslösen. Ein Beispiel hierfür die die Titulierung „französischer Türke". Dieser Begriff wurde von den Zollbediensteten Frankreichs übernommen und bezeichnet eine bestimmte Klientel von Reisenden: männlich, jung, türkischer Migrationshintergrund, die kulturell weder in Frankreich noch in der Türkei verwurzelt sind. Sie gelten als latent aggressiv auftretend.

Für Mohammed H. ist bereits schon das Auftreten einer Frau als Machtinstanz ein Problem. Sein Rollenverständnis von Frauen ist durch den Islam determiniert (Koran, Sure Frauen 4, 34: Gott bevorzugt den Mann – vor den Frauen).

### 4.2.2 Was fehlt?

Beide Seiten treten mit Haltungen auf, die die eigene Bereitschaft erschweren sich bewusst in die Gefühle des anderen hineinzuversetzen. Die Haltung von Marion C. könnte sein: Der Reisende hat sich den Gepflogenheiten des Gastlandes anzupassen und nicht umgekehrt. Die Einstellung von

Mohammet H.: Eine Frau hat mir nichts zu sagen (Koran, Sure 2, 282: Das Zeugnis eines Mannes ist so viel wert, wie das von zwei Frauen). Eine Christin schon überhaupt nicht! Beide Positionen lassen eine Interaktion nur erschwerend zu.

### 4.2.3 Hindernisse für eine Problemlösung

Der eigene kulturelle Hintergrund, die Pflege des vertrauten Wertekanons sowie die Tendenz zur Abgrenzung sind starke innere Hemmnisse, die erst bewusst gemacht werden müssen. Mohammed H. kennt das demütigende Gefühl der permanenten militärischen, technischen und wirtschaftlichen Unterlegenheit gegenüber den USA und den westlichen Ländern. Ein Gefühl, das in Ausnahmesituationen wie bei Zoll- und Polizeikontrollen mitschwingt und Ventile sucht. Je mehr er sich als Angehöriger seiner Religion benachteiligt glaubt, umso mehr sucht er die Balance in Anerkennung und Selbstwert in eben dieser Religion. Die Bereitschaft sich kulturell zu öffnen lehnt er ab. Marion C. hat ein Modell übernommen, das Toleranz als ein sich öffnen nach allen Seiten hin interpretiert. Sie trifft jedoch in ihrer täglichen Arbeitswelt auf Menschen, die nur die eigenen Positionen akzeptieren, jedoch keine anderen Ansichten zulassen. Ihr kulturelles Rückzugsgebiet ist Bayern mit seinen (religiösen) Traditionen – nicht Deutschland.

### 4.3. Vorgehen

### 4.3.1 Strategien und Rezepte

Marion C. übt durch ihre Kontrollbefugnisse staatlich gerechtfertigte Macht aus. Damit ist es primär ihre Aufgabe den Reisenden durch eine für diesen als bedrohlich empfundene Situation zu führen. Von ihr wird ein höfliches, bestimmtes und eloquentes Auftreten abverlangt. Ihre innere Einstellung, der Reisende habe sich den Gepflogenheiten Mitteleuropas anzupassen, bleibt ihr unbenommen. Marion C. soll grundsätzlich in ihrem Auftreten authentisch sein. Jedoch sollte sie wissen, welche verbale, nonverbale und/oder paraverbale Verhaltensweisen Provokationen auslösen können. Damit obliegt die Entscheidung bei ihr bewusst zu provozieren oder nicht. Das Wissen über interkulturelle Kommunikation schaffen ihr eine Distanz zu Konflikten wie im vorher beschriebenen Beispiel. Konflikte können so rechtzeitig erkannt und damit reduziert, im Idealfall sogar vermieden werden. Marion C. handelt nicht als Privatperson, sie ist Repräsentation ihres Landes. Damit ist sie für das Ansehen Deutschlands im Allgemeinen und für das der Zollverwaltung im Besonderen verantwortlich.

### 4.3.2 Theoretische Abhilfen

Vorrangig sollten Zollbedienstete in interkulturell exponierten Positionen spezielle Trainings ermöglich werden. Der Umgang mit Menschen unterschiedlicher (kultureller/ethnischer) Herkunft löst, wie zuvor beschrieben, oftmals Unverständnis und Irritationen aus. Seminare sollten darauf abzielen kulturbedingte Kommunikationsbarrieren besser zu erkennen, ihre Entstehung zu verstehen, eigene Verhaltensweisen in diesem Kontext zu überdenken und zu erweitern. Ansätze für einen lösungsorientierten Umgang mit den Zollbeteiligten sind zu entwickeln. Abstand sollte tunlichst von der Vermittlung falsch verstandener Toleranzmodelle genommen werden, sie vermitteln letztendlich nur das Gefühl einer Dressur.

### 4.3.3 Ideen zur Problemlösung

Von großem Wert könnte ein gemeinsamer Erfahrungsaustausch mit Zollbeamten/innen aus der Europäischen Union sein, die Raum geben für das Vorstellen eigener und fremder Lösungsstrategien. Marion C. steht nicht alleine vor diesem Konflikt. Eine überaus wertvolle Hilfe für Frauen im Zolldienst könnte die Unterstützung und Begleitung vor Ort durch Verhaltenstrainer, Psychologen oder Kulturwissenschaftler sein. Beratende Gespräche im Rahmen einer Supervision können zu einer Verbesserung ihres personalen und beruflichen Handelns beitragen.

### 4.4 Ideen zur Durchführung

### 4.4.1 Mögliche Vorgehensweisen

Das Ziel für Marion C. ist die Kontrolle des Gepäcks. Mohammed H. wirft ihr „Steine in den Weg" (Forderung nach Wechsel der Kontrollperson und Änderung des Tagesgrußes). Sie kann den direkten Weg zum Ziel gehen, d.h. die „Steine" brechen. Sie hat hierzu alle rechtlichen Möglichkeiten, die bis hin zur Anwendung einer körperlichen Durchsuchung reichen. Bildlich gesehen kann sie die Steine auch umgehen ohne das Ziel der Maßnahme aus den Augen zu verlieren. Die Lösung des Konflikts liegt auf verbaler Ebene.

### 4.4.2 Schritte zur Problemlösung

Die Lösung des Konflikts durch verbale Kommunikation

- Argumentieren mit Gegenfragen: Eine Antwort könnte lauten:

*„Mit was habe ich sie verärgert?"* oder

*„Warum sind sie so emotional, ich bin doch auch ganz ruhig zu ihnen?"*

Durch Gegenfragen führt Marion C. einen Rollenwechsel herbei. Jetzt ist es an Mohammed H. sein Verhalten zu erklären. Er muss sich rechtfertigen, er muss nachdenken. Ein Mensch der nach Argumenten sucht, wird sich von der emotionalen auf eine sachliche Ebene begeben.

- Aussondern und Verstärken

Marion C. greift nur den Teilaspekt aus dem verbalen Angriff des Mohammed H. heraus, den sie selbst gut begründen kann. Auf die verlangte Hinzuziehung einer männlichen Kontrollperson oder auf die Forderung nach einem anderen Tagesgruß geht sie zunächst nicht ein.

*„Hören sie! Der Zoll muss kontrollieren und die Angaben der Reisenden überprüfen. Es ist eine Aufgabe die der inneren Sicherheit dient!"*

Intention: Gegen das Argument „innere Sicherheit" sind nur schwerlich Gründe zu finden.

- Positiv enttäuschen

*„Wenn sie einen männlichen Kollegen möchten, gerne! Aber ich kann ihnen versichern, dass ich die Abfertigung genauso korrekt vornehme wie mein männlicher Kollege. Wenn sie mitarbeiten kann ich ihnen versichern, dass die Abfertigung zügig durchgeführt wird. Sie können dann schnell weiterreisen!"*

Intention: Mohammed H. erwartet auf seinen verbalen Angriff einen entsprechenden Konter. Mit einem Entgegenkommen der Beamtin rechnet er nicht.

- Scheinentscheidung setzen

*„Ein männlicher Kollege steht zurzeit nicht zur Verfügung. Es steht ihnen aber frei zu warten! Sie können jederzeit auf mich zukommen, wenn sie abgefertigt werden wollen!"*

Intention: Mohammed H. wird zumindest das Gefühl vermittelt nicht mit dem Rücken an der Wand zu stehen, er glaubt frei entscheiden zu können. Letztendlich will er weiterreisen und wird sich nach kurzer Zeit wieder an die Beamtin wenden. Marion C. muss wissen, hinter jeder Aussage steht ein Interesse. Bei Mohammed H. könnte es gemindertes Ehrgefühl sein. Zuhören kann hier schon viel an Emotionen nehmen.

Bei den ersten drei „Techniken" ist es sinnvoll immer auf das Ziel der Abfertigung hinzuführen, also klar anzuweisen *„und jetzt öffnen sie bitte ihren Koffer!"*

Von großer Bedeutung ist die nonverbale Komponente der Kommunikation. Marion C. steht mit beiden Beinen fest am Boden. Sie sieht Mohammed H. direkt an, wobei ihr Kopf leicht schräg zur Seite geneigt sein kann. Damit vermittelt sie ihm den Eindruck einen festen Standpunkt zu haben und gleichzeitig ihre Bereitschaft zuzuhören. Ihre Gestik sollte sparsam und eine Hand dabei offen sein.

## 5. Zusammenfassung

Täglich ist fast jedes Land der Welt heute gleichzeitig Ein- und Auswanderungsland. Migranten verändern die Arbeitsmärkte sowohl ihrer Herkunfts- als auch Aufnahmeländer. Natürlich beeinflussen Migranten die Kultur ihrer zweiten Heimat(en) und zwar besonders dann, wenn sie eine andere, die eigene Kultur (Religion) wollen. Marion C. steht wie viele ihrer Kolleginnen und Kollegen am Schnittpunkt Flughafen. Mit der Gepäckkontrolle findet die erste Kommunikation mit den Ankömmlingen statt. In diesem Prozess der Anwandlung verändern sich beide Seiten, die der Kontrollorgane und die der Immigranten.

## Literaturverzeichnis

NELLES, STEFANIE: Interkulturelle Kompetenz und Konfliktkommunikation. Rostock, Universität, Zentrum für Qualitätssicherung in Studium und Weiterbildung, 2009